여기 사람이 있다

여기 사람이 있다

발행일	2024년 9월 27일

지은이	김남웅		
펴낸이	손형국		
펴낸곳	(주)북랩		
편집인	선일영	편집	김은수, 배진용, 김현아, 김다빈, 김부경
디자인	이현수, 김민하, 임진형, 안유경	제작	박기성, 구성우, 이창영, 배상진
마케팅	김회란, 박진관		
출판등록	2004. 12. 1(제2012-000051호)		
주소	서울특별시 금천구 가산디지털 1로 168, 우림라이온스밸리 B동 B111호, B113~115호		
홈페이지	www.book.co.kr		
전화번호	(02)2026-5777	팩스	(02)2026-5747
ISBN	979-11-7224-302-9 03810 (종이책)		979-11-7224-303-6 05810 (전자책)

잘못된 책은 구입한 곳에서 교환해드립니다.
이 책은 저작권법에 따라 보호받는 저작물이므로 무단 전재와 복제를 금합니다.
이 책은 (주)북랩이 보유한 리코 장비로 인쇄되었습니다.

(주)북랩 성공출판의 파트너

북랩 홈페이지와 패밀리 사이트에서 다양한 출판 솔루션을 만나 보세요!

홈페이지 book.co.kr • 블로그 blog.naver.com/essaybook • 출판문의 book@book.co.kr

---

작가 연락처 문의 ▶ ask.book.co.kr

작가 연락처는 개인정보이므로 북랩에서 알려드릴 수 없습니다.

김남웅 시집

여기 사람이 있다

| 차 례 |

11	말 없는 이유
12	주머니
13	친구의 친구
14	마음으로
15	마지막 악당
16	사기꾼의 회개
17	사기꾼들의 세상
18	유죄
19	손수건
20	대답
21	그것은 사실이 아냐
22	버리기
23	재미없는 사실
24	권리

25	우정
26	지나가는
27	그녀와 나
28	선물
29	읽기
30	도둑
31	성전
32	이름
33	이유
34	북쪽 나라
35	마당
36	이해
37	눈물 꽃
38	내 고향
39	티눈
40	우리의 기적
41	서울
44	못생겼지만
45	우리
46	초
47	덕담
48	울보
49	고향
50	남자의 눈물

51	사람
52	작은 꽃
53	계속
54	죄인
55	비행
56	내 인생
57	마법 같은 일
60	약한 사람
61	뜻
62	불가능한 꿈
63	사람
64	그리스도
65	내 사랑
66	장미
67	성전 2
68	무인도
69	희망
70	흐르는 빛
71	첫 꽃
74	그의 말
75	외출
76	작은 절
77	간다
78	사망

79	짝사랑
80	변신
81	친구 사이
82	씨
83	꽃
84	꽃다발
85	비 오는 날
88	원수
89	마음
90	신발
91	불가능
92	마을
93	입맞춤
94	아이
95	박수
96	의인
97	휴가
98	첫사랑
99	기도
102	빵
103	포기
104	눈물
105	악수
106	고양이

107	무덤
108	숙제
109	끝
110	구타
111	거울 속의 첫사랑
112	욕
113	춤
114	이불
115	꿀 꽃
116	겨울

말 없는 이유

이유 없는 폭력에 우린 맞서지 못했습니다
어떻게 대응해야 하는지 몰랐기에 그랬죠
그땐 그게 억울하고 억울했지만요
시간이 지나니까 오히려 자랑스러웠습니다
똥파리가 얼굴에 앉았으면 갈 때까지
기다리고 기다리면 되는 일이었습니다
똥파리를 죽여서 얼굴에 똥파리의 사체가
묻으면 더 불쾌하고 불쾌할 뿐이었기에
그리고 똥파리 따위가 우리의 사랑을
방해할 수 없다는 것도 알게 되었기에

주머니

똥 싸기 위해 오늘은
누구누구의 눈물이
주머니에 먹혔나요?

친구의 친구

외로움의 친구면 내 친구입니다

마음으로

땅으로 온 천사, 마음 하나로 살아왔습니다

마지막 악당

주름 없어 울고 웃는 마지막 악당이 있습니다
밀가루 묻은 것 같은 두 손과 눈같이 하얀 피부
무전취식도 제대로 못하는 그의 그 소심함까지

그만둘까 봐 잠 못 이루는 어른들이 있습니다

사기꾼의 회개

불투명하던 내일의 그 사기는
끝내 거짓임이 들통났고요
그 죗값으로 자신을 증명했죠

사기꾼들의 세상

사람은 적어도 한 번은
자신을 사랑했으니까
이성애자란 거짓이며
우린 모두 서로서로
속고 속고 속이며
그렇게 살아왔습니다

유죄

천국을 잊게 해주기 위해서요
불행을 훔친 도둑이 붙잡혔습니다
난 그에게 교수형을 선고했고요
늦은 밤에 성문을 살짝 열어두었죠

손수건

눈 뜬 장님이 웃고 웃을 수 있게요
손수건으로 지구를 닦아주었어요

대답

어른답게 굴라는 말씀에 대답은요

—그러면 천국에 갈 수 없잖아요—

그것은 사실이 아냐

우리 모두는 자신이 바로 바로 그
착한 이기주의자라고 생각하지만
그것은 절대로 사실이 아니랍니다

버리기

오늘도 버리고 내일도 버리고
버려야 할 게 산더미인데요
이 빌어먹을 나쁜 마음은요
어느 쓰레기통이 먹어줄까요?

재미없는 사실

살아 있어서 괴롭습니다
괴로우면 늙는 것이고요
늙으면 살아 있는 것이죠

권리

괴로움은 언제나 당당한 내 권리입니다

우정

외로움과 사귄 지 33년이 넘었습니다
나쁜 기억 머릿속에서 춤추고 춤춰도
남을 사랑하게 해주는 그대 오, 그대
우리 우정 영원하길 바랄 뿐입니다

지나가는

마음이 힘들 땐요
눈을 감고 있어요
그래도 힘들 땐요
누워 잠을 잡니다
깨어나 생각하면요
다 지나간 일이지요

그녀와 나

그녀가 슬퍼 울고 있었는데요
울지 말라고 말하지 못했어요
이상한 표정으로 웃겼습니다만

선물

친구여, 내 생일엔 선물로
미안하다고 말할 수 있는
용기를 줄 수 있겠습니까?

읽기

속마음을 읽어줘요
날 사랑하는데
거짓이 없는 것처럼
사랑할 수 있게요

도둑

시는 마음의 도둑,
지루함을 훔쳐서 멀리 달아났습니다
그래도 그를 미워하는 사람은
아직까지 보지 못했습니다

성전

우리 모두는 자신 안에 하나의 성전을 짓고
믿음으로서 그것을 잘 지켜나가야 합니다

이름

이름을 부르지 마세요

정한 것이 아니랍니다

담고 담고 담은 것은

비밀과 비밀과 비밀

늘 그랬듯 어제와 같이

그렇게 불러주세요

이유

의인이 지옥에 가는 건요
도움이 필요한 사람들이
너무나도 많기 때문이죠

북쪽 나라

백색의 대지 이곳 북쪽 나라는요
내 마음 훔쳐간 도둑이 여러 여러 명이죠
얌전한 미소년 민이는 첫사랑에 성공했고요
골목대장 순이는 엄마가 되었습니다
고집스런 박 할머니께서도 안녕하시고요
눈밭 뛰며 흙길 좋아하는 삽살개 나리와
살금살금 걷는 검은 고양이 까망이까지
모두 다 어제와 같이 늘 있습니다
그대 춥고 배고파
따뜻한 된장국 국물이 생각나시거든
언제든 여기 이곳으로 쉬러 오셔요

마당

노란 병아리들은 삐악삐악
큰 어미 닭은 꼬꼬댁 꼬꼬
배고픈 길고양이가 살금살금
주인 아낙의 호통엔 후다닥

이해

웃으면서 태어나는 아이를 본다면요
죽으면서 우는 사람이 이해될 텐데요

눈물 꽃

눈물 먹고 핀 꽃은 모두 다 아름답습니다

내 고향

내 고향이긴 하지만 서울은 서울이란
참 이상하게도 잘 돌아가는 도시입니다
국회에서 의원들은 패싸움을 하고요
직장에서 사람들은 일과 사람 때문에
울고 또 웃고 또다시 울고 또 웃죠
먹고 짓고 낳고 싸고 죽고 그 모든 것들에
최적화되어 있는 공장 같은 곳입니다

티눈

그대의 그 죽을병보다
내 이 발바닥의 티눈이
더욱더 큰 문제랍니다

우리의 기적

아침마다 잠에서 깨어나는 우리에게
기적은 특별하고도 평범한 것입니다

서울

여긴 대도시 서울입니다
밤하늘의 별들은 사라진 대신
건물들의 불빛으로 아름다워진
인공의 낙원이자 낙원 아닌 낙원
바로 그곳입니다 그렇습니다

못생겼지만

나는 못생기고 못생겼지만
나를 미워하지 않습니다
슬프고 안타까운 일이란
이미 충분하니까요

우리

우린 늘 언제나 옆에 있었습니다
찬밥 한 숟가락도 나눠 먹었고요
잘 땐 꼭 끌어안고 잤습니다
그리고 꿈은 꾸지 않았어요

초

어머니의 생신이었습니다
케이크에 초를 꽂았습니다
어머니께서 질문하셨습니다
―초를 왜 이렇게 꽂았니―
성실히 대답해드렸습니다
―어머니, 어머니는 늘 어머니가
19살의 소녀라고 하셨습니다―

덕담

나는 봤습니다

노인의 고독과
노인의 늙음과
노인의 가난함

적에게 말합니다

―오래오래 사십시오―

울보

영원히 사는 것도 아닌데요
손해 좀 보면 어떻습니까
혼자 울고 또 울고 나면요
그러려니 하게 되는 것을요

고향

엄마, 어머니라는 말씀만이
우릴 고향으로 오게 합니다

남자의 눈물

슬플 땐 울고 기쁠 때도 울고
웃음은 나와 나에게요
너무나도 멀고 먼 것이었죠
남자의 눈물이라는 것이요
싸구려일 뿐이라고 해도요
그렇게 또 그렇게 다시 그렇게
늙어왔고 죽어가고 있습니다

사람

세상이 나를 심판하고
나조차 나를 싫어해도
여기 사람이 있습니다

작은 꽃

씨앗 하나가 품으로 날아와
이름을 지어 불러주니까
작게 살짝 핀 꽃이 되어
단추 구멍에 끼웠습니다
그 향은 참으로 좋고 좋아
이곳저곳 다니고 다니면서
세상을 향기롭게 했습니다

계속

오래되고 낡은 것은요
그 신세가 나와 같아
계속 계속 사용합니다

죄인

죽어가는 악마를 살린 게 죄라면
기꺼이 기꺼이 죄인이 되겠습니다

비행

날 수 없는 영혼들의 추락
그건 바로 비행입니다
세상에서 가장 아름답고
그래서 더욱 더 슬픈…

내 인생

꿈꾸게 하는 이 빌어먹을 세상 속의
내 인생은 언제나 사랑스런 회색빛이죠

마법 같은 일

어릴 땐 사람에게
긍정적인 기대를 했고
젊어서는 사람에게
실망하지 않으려고 했고
나이 들어서는 사람에게
부정적인 기대를 합니다
그렇게 기대를 하니까
아무에게도 실망하지 않는
그런 마법 같은 일이
나에게도 일어났습니다

약한 사람

나는 약한 사람입니다
그래서 정말 좋습니다
이 사람에게 당하고
저 사람에게 당해도
보복할 수가 없기에

뜻

삶에서 뜻대로 되는 건
포기하는 것뿐입니다
야식을 포기합니다
보복을 포기합니다
심신에 여유가 생깁니다

삶이라는 축제 속으로…

불가능한 꿈

꿈은 참 소중하기에
아무에게도 말하지 않고
마음속 깊숙한 곳에 두고
몰래몰래 꺼내 보곤 합니다
불가능한 꿈이기에
하느님께 의지하고
기도도 가끔 하고
상상도 하곤 합니다
그리고 세상에 나아가 또다시
상처받을 준비를 하는 겁니다
오, 상처 없는 영광은 없으니

사람

사람은 모두 다

천사로 태어나서
악마로 살다가
천사로 죽습니다

아기는 예쁘고
청춘은 추악하며
노인은 부드럽죠

그리스도

그리스도를 믿습니까?

네, 친구입니다

내 사랑

오를수록 좁아지는 삶이라요

실패는 내 사랑이 되었어요

장미

쓰레기장에서 피어난 장미도 쓰레기인가요?

성전 2

무너진 성전에도 주님은 거하십니다

무인도

아무도 모르는 무인도에 가
님만 초대할래요

희망

작고 여린 손의 맑은 희망으로요
모두가 함께할 내일을 만듭니다

흐르는 빛

우리나라 강 바다의 흐르는 빛엔요
가을 농부 웃음소리가 들어가 살고요

우리나라 강 바다의 흐르는 빛엔요
만선으로 오는 어부의 콧노래도 살고 있고요

우리나라 강 바다의 흐르는 빛엔요
땀 흘린 노동자들이 밥 먹는 포장마차 옆
아이들이 고기 잡는
살아 있는 음악도 같이 흐르고

우리나라 강 바다의 흐르는 빛엔요
내가 못다 꾼 꿈속
주인공의 웃음도 살고 있어요

첫 꽃

태양이 일어나 세수하기 전

흑갈색 두 거울을 열어봅니다

하늘나라 쌀 밥알들은 날아내리죠

겨울을 막 졸업하려는 때입니다

나무들은 갈색 팔을 쭉 펴서요

새해 첫 꽃을 피우고 또 피웠어요

그의 말

그는 과로로 죽으면서요
집에 있을 바보들에게요
사랑한다고 말했습니다

외출

엄마는 내 주머니를 잡았습니다
떨어진 지폐들이 꾸깃꾸깃했죠
그녀는 긴 여행을 떠났습니다
주머니를 다 꿰맸습니다
두 주먹 꽉 쥐고 나갔어요

작은 절

스님은 마당을 쓸고 계십니다
법당에 놓고 온 마음은 가볍죠
모락모락 피어나는 보리밥 냄새와
이슬 먹은 산나물 반찬의 만남

멀리 있지 않습니다…

간다

서정주, 한용운, 윤동주
진짜 고향집에 계십니다
영생수를 모두 버리고요
하루를 넘고 넘어갑니다

사망

눈사람은 죽었습니다

농부들은 잔치를

아이들은 눈물을

벚나무들은 회의를

―어서 꽃피우자―

짝사랑

거절도 승낙도 그대 것이 아니죠
불꽃 아닌 저기 저 달과 같아요
꽃이 만개하면 올 꿀벌을 위해서
또다시 조심스럽게 사라집니다
이제 곧 태양의 시간입니다

변신

낮엔 여자 밤엔 남자인 사람
그녀의 애인이 그를 죽였습니다
10년 뒤 생긴 작은 동상은요
울듯 보여도 웃으려 애쓰는
소년입니다…

친구 사이

식인하는 괴물이 있었습니다
그가 죽이고 오겠다고 했죠
10년 뒤 잔치가 열렸습니다
어느 한 남자는 울고 있었죠
그는 질문에 답을 했습니다
─친구가 죽었습니다─

씨

날벼락도 빛이라고 떠드는 소리가요
노래를 하고 하고 또 노래해도요
타버린 땅의 까만 흙 속에는요
작은 씨 하나가 새근새근 자고 있어요

꽃

아름다운 꽃엔 가시가 있지만요
가장 아름다운 꽃은 만질 수 없죠
덧없이 지는 모습도 아름다워요
그의 이름은 바로 불의 꽃이죠

꽃다발

생일 선물로 꽃다발을 받았어요
못생긴 꽃이 있어 버리고 왔어요
향은 나지 않았습니다
다시 주워 와 안고 울었어요

비 오는 날

사람은 셋, 우산이 하나였죠
웃으며 비 맞으며 왔습니다

원수

늘 더러운 길을 걸었습니다
때로는 그가 부활했지만요
살해자란 늘 그대가 아니었죠

마음

우린 주님의 실패작입니다

마음만은 다르고 다릅니다

밤낮 마음에 계시는 겁니다

신발

눈비 올 때 함께한 건요
깨끗한 신발이 아니라요
같이 늙은 낡은 신발이죠

불가능

내게 뽀뽀하고 싶어서 울었습니다

마을

일 끝내고 퇴근해 모인 천국에요
우리 마음 모아모아 마을 만들죠

입맞춤

무덤 주인이 되지 못하게 한
지옥과의 입맞춤은 늘 달아요

아이

기도가 좋아서 하는 아이처럼…

박수

소년은 먹고사는 그런
총각이 되었습니다
어른들이 박수를 쳤죠

의인

지옥이 힘든 걸 알아서
만원이 될 때까지요
의인들은 거절했습니다

휴가

사람들 화풀이해주고 눈 감으면요
사탄 아저씨도 휴가를 가시나요?

첫사랑

첫사랑은 거울에, 힘들고 또 힘듭니다

기도

님을 위해 기도하면 힘이 나서요
힘들 때마다 님을 위해 기도해요

빵

주님을 뵙고 싶을 땐
잘 구운 빵을 잘라서
이웃과 나눠 먹습니다

포기

나쁜 짓을 포기한 것처럼
아름다운 포기가 또 있을까요?

눈물

눈물 흐르는 곳에 사람은 살고 있어요

악수

날 때리고 욕한 그대와 그냥 악수합니다

고양이

어미 잃은 갓 난 고양이에게 맹독을…

무덤

포기한 마음에겐 작고 예쁘고 하나뿐인 무덤을

숙제

오늘 숙제도 슬퍼 울거나 괴로워 말기죠

끝

꿈 하나가 박살났습니다
어른들이 신이 났습니다
아이에게 말을 했습니다
―사춘기가 끝났단다―

구타

아프다면 그건 분명한 머리죠
그는 큰 꿈을 꾸었다고 했습니다
두려움에 빠진 우린 그를 구타했습니다
그는 울다가 울다가 기절했습니다
119 구급차에 실려 병원에 갔습니다
진찰 결과 사춘기가 사라졌다고 했어요
깨어난 그는 우리의 축하를 받았습니다
그도 이제 점잖은 어른이 된 것이죠

거울 속의 첫사랑

첫사랑에게 돌을 던져요
박수를 받고 받아서요
외로움을 울린 사람이란
미간을 깊게 할 뿐이죠

욕

주님을 욕하는 사람이 싫어서요
천사 한 명이 땅으로 내려왔어요
욕먹고 사는 날이 꽤 오래되었죠
주님께서 천사에게 말씀하시길
―이제 오너라. 심심해 죽겠구나―

춤

춤추는 광대들과
춤추는 농민들과
풀리지 않는 한과
흔하디흔한 괴로움도
모두 모두 모두 다
춤을 추고 있습니다
못 춰도 괜찮고요
잘 춰도 상관없죠
내일이야 상관없이
오늘은 이렇습니다

이불

창밖을 보니 세상은 조금 변했습니다
흰색 나라에서 오신 손님께서 두고 간
세상을 덮은 이불입니다
아이들과 강아지들은 그 위에서 뛰놀고
어른들은 그걸 보며 소리쳐도
속으론 웃고 맙니다
이제 곧 우리 밭에도 새파란
보리 싹이 올라올 시간입니다

꿀 꽃

서쪽 나라 해 지는 곳 마을로 가면요
꿀의 강에 작은 꽃씨 흘러 흘러서요
동으로 동으로 동쪽으로 가다 가다가요
내가 꾸는 꿈속의 나로 피어납니다

겨울

하늘은 무거워지더니요
구름을 걷고 싶단 기도가요
오늘에서야 이뤄집니다
땅 위도 그렇고요
하늘 아래도 그렇고요
지금 여기 바로 이곳은요
여섯 마리 흰 강아지들과
나잇값 못해 좋은 남자의
하나 한 세상입니다
사진을 찍을까요
동영상으로 남길까요
아무래도 지금은 그냥
우리끼리 참 좋습니다